Impressum
Verlag: BABADADA GmbH, Nedderfeld 112 , 22529 Hamburg
Geschäftsführer / Verlagsleitung: Harald Hof
Druck: Books on Demand GmbH, In de Tarpen 42, 22848 Norderstedt

Imprint
Publisher: BABADADA GmbH, Nedderfeld 112 , 22529 Hamburg, Germany
Managing Director / Publishing direction: Harald Hof
Print: Books on Demand GmbH, In de Tarpen 42, 22848 Norderstedt, Germany

škola
ikigo c' amashure

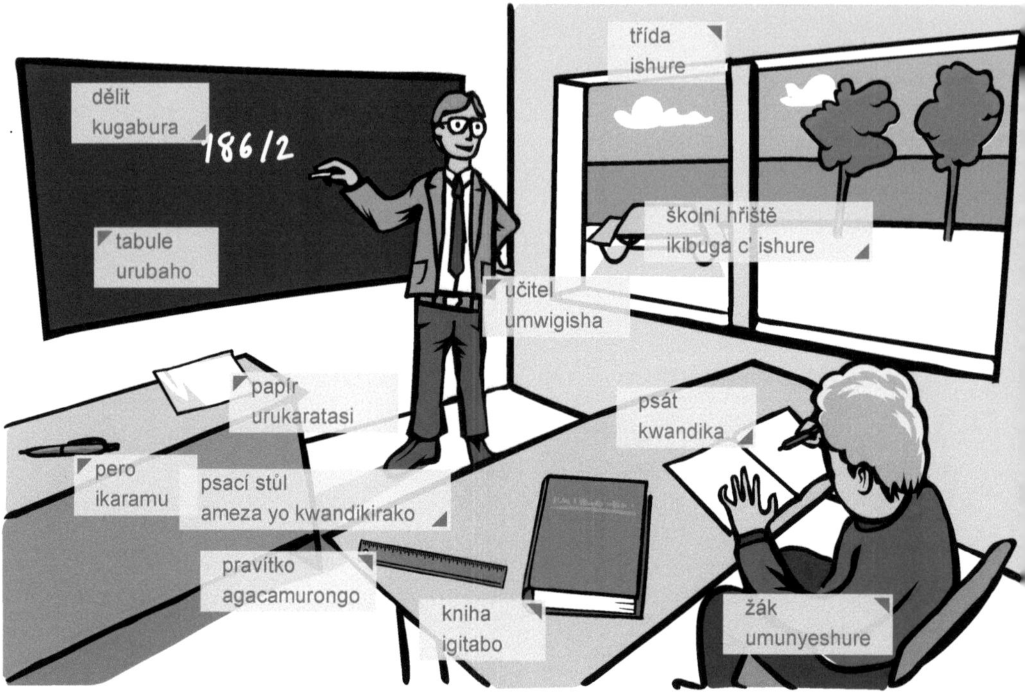

třída
ishure
dělit
kugabura
186/2
tabule
urubaho
školní hřiště
ikibuga c' ishure
učitel
umwigisha
papír
urukaratasi
psát
kwandika
pero
ikaramu
psací stůl
ameza yo kwandikirako
pravítko
agacamurongo
kniha
igitabo
žák
umunyeshure

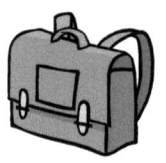

aktovka

isakoshi y'' ishure

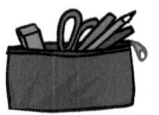

penál

agasaho k' amakaramu

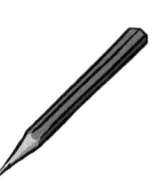

tužka

ikaramu y igiti

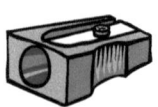

ořezávátko

agasongozo k ikaramu y igiti

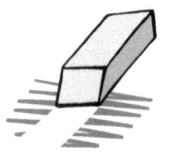

guma

igome

blok na kreslení

ikaye yo gucapamwo

výkres
igicapo

štětec
ikaramu bacapisha irangi

malířské potřeby
agasandugu kamabara

nůžky
imikasi

lepidlo
kore

cvičebnice
ikaye y' imyimenyerezo

domácí úkol
imyimenyerezo yo muhira

počet
igiharuro

2+2

sčítat
guteranya

odčítat
gukuramwo

násobit
kugwiza

počítat
guharura

písmeno
urudome

abeceda
indome

slovo
ijambo

text
igisomwa

číst
gusoma

křída
ingwa

hodina
icigwa

třídní kniha
igitabo c' ishure

zkouška
ikibazo

vysvědčení
impamyabushobozi

školní uniforma
impuzu y' ishure

vzdělání
kwiga

encyklopedie
kazinduzi

univerzita
kaminuza

mikroskop
mikorosikopi

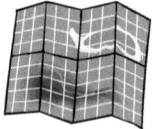

karta
ikarata

odpadkový koš na papír
agaseke bajugunyamo
amakaratasi

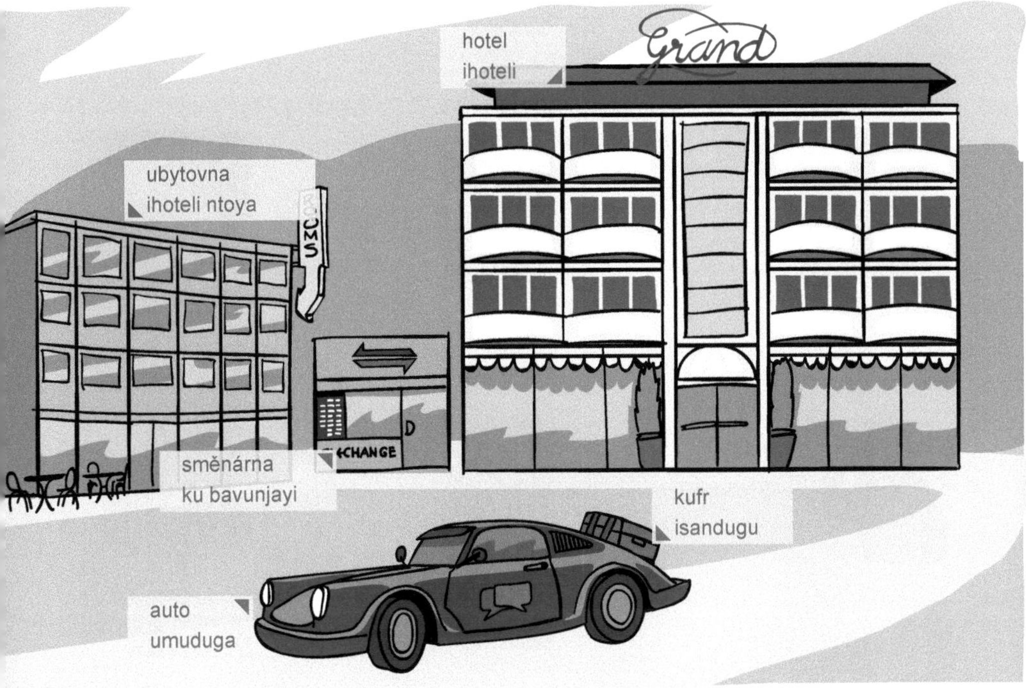

hotel
ihoteli
Grand
ubytovna
ihoteli ntoya
ROOMS
směnárna
ku bavunjayi
EXCHANGE
kufr
isandugu
auto
umuduga

jazyk

ururimi

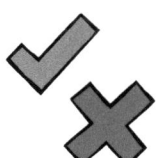

ano / ne

ego / oya

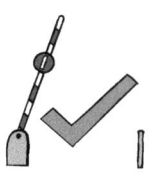

oukej

ego

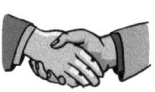

Ahoj!

amahoro!

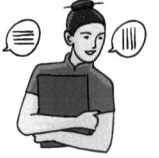

překladatel

umuntu asigura

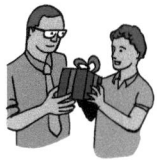

děkuji

ndashimye

Kolik stojí...?

ni angahe?

nerozumím

sindabitahura

problém

ingorane

Dobrý večer!

mwiriwe!

Dobré ráno!

mwaramutse

Dobrou noc!

ijoro ryiza!

na shledanou

nakagaruka

směr

inzira

zavazadlo

imizigo

taška

igapo

batoh

isaho baheka mu mugongo

host

umushitsi

pokoj

icumba

spací pytel

umufuko wo kuraramo mu rugendo

stan

ihema

turistické informace

kumenyesha ingenzi

pláž

ku musenyi

kreditní karta

ikarata y' amahera

snídaně

ifunguro rya mugatondo

oběd

ifunguro ryo ku murango

večeře

ifunguro ry 'ijoro

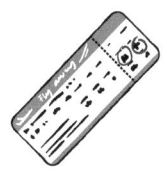

jízdenka

itike

výtah

ingazi y' umuyagankuba

poštovní známka

umukono

hranice

umupaka

clo

duwane

poselství

ubuserukizi bw' igihugu

vízum

viza

pas

pasiporo

transport
gutwara abantu n' ibintu

letadlo
indege

loď
ubwato bunini

hasičský vůz
kizimyamwoto

autobus
ibisi

nákladní vůz
ikamyo

motorový člun
ubwato bw' imoteri

kolo
igare

auto
umuduga

přívoz
ubwato bunini

člun
ubwato

motorka
ipikipiki

policejní auto
umuduga w' igipolisi

závodní auto
umuduga wa kuruse

pronajaté auto
umuduga bakodesha

sdílení aut

gukoresha imodoka imwe
muri benshi

odtahová služba

uruduga ruheka izindi

popelářský vůz

umuduga utwara umucafu

motor

imoteri

palivo

igitoro

čerpací stanice

ubunywero bw'ibitoro

dopravní značka

birango vyo ku mabarabara

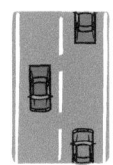

doprava

uruja n' uruza

dopravní zácpa

akajagari k' imiduga mw'
ibarabara

parkoviště

igituro c' imiduga

vlakové nádraží

igituro ca gari ya moshi

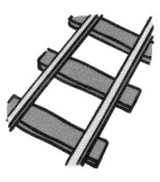

koleje

ibarabara rya gari ya moshi

vlak

gari ya moshi

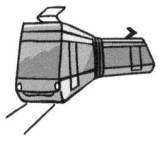

tramvaj

gari ya moshi bita tram

vagón

igipande ca gari ya moshi

helikoptéra
kajugujugu

letiště
ikibuga c' indege

věž
umunara

pasažér
ingenzi

kontejner
konteneri

kartón
ikarato

trakař
isharete

koš
icibo

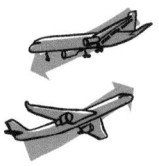

vzlétnout / přistát
kuguruka / kugwa

město

igisagara

vesnice
umutumba

střed města
hagati mu gisagara

dům
inzu

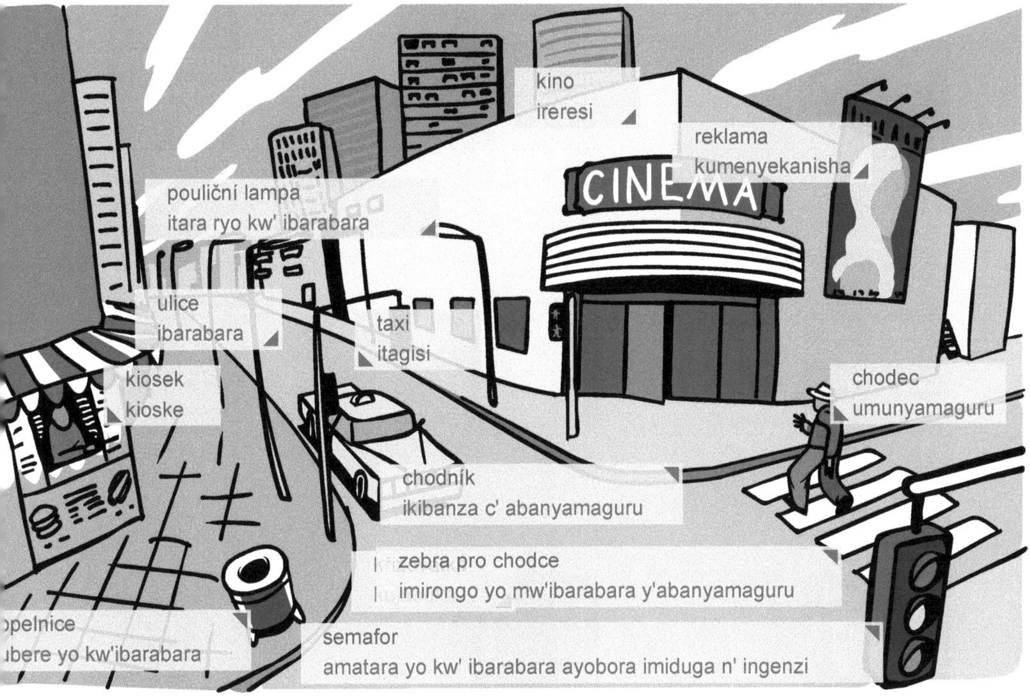

kino
ireresi

reklama
kumenyekanisha

pouliční lampa
itara ryo kw' ibarabara

ulice
ibarabara

taxi
itagisi

kiosek
kioske

chodec
umunyamaguru

chodník
ikibanza c' abanyamaguru

zebra pro chodce
imirongo yo mw'ibarabara y'abanyamaguru

popelnice
ubere yo kw'ibarabara

semafor
amatara yo kw' ibarabara ayobora imiduga n' ingenzi

chata

akazu k' ikirundi

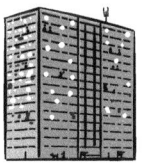

byt

aparitema

vlakové nádraží

igituro ca gari ya moshi

radnice

meri

muzeum

iratiro ry' ivyakera

škola

ikigo c' amashure

univerzita

kaminuza

banka

ibanki

nemocnice

ibitaro

hotel

ihoteli

lékárna

farumasi

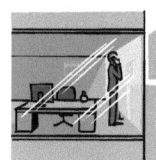

kancelář

ibiro

knihkupectví

aho badandaza ibitabo

obchod

akaduka

květinářství

umudandaza w'amashugwe

supermarket

supermarshe

tržnice

isoko

obchodní dům

iduka

rybárna

umudandaza w' amafi

nákupní centrum

ihuriro ry'amaduka

přístav

ikivuko

park

ikibanza batemberamwo

lavička

intebe ndende

most

ikiraro

schody

ingazi

metro

gari ya moshi bita métro

tunel

ibarara ry' indani y' isi

autobusová zastávka

igituro c' amabisi

bar

ubunywero

restaurace

resitora

poštovní schránka

ahaja amakete

pouliční tabule

ikirango co kw' ibarabara

parkovací hodiny

isaha yo ku gituro c' imiduga

zoo

iratiro ry' ibikoko

plovárna

pisine

mešita

umusigiti

usedlost
ubwororero

znečišťování životního
prostředí
konona ibidukikije

hřbitov
akaburi

církev
kw'isengero

hřiště
ikibuga

chrám
inyubako za kera bita
temple

krajina
imisozi

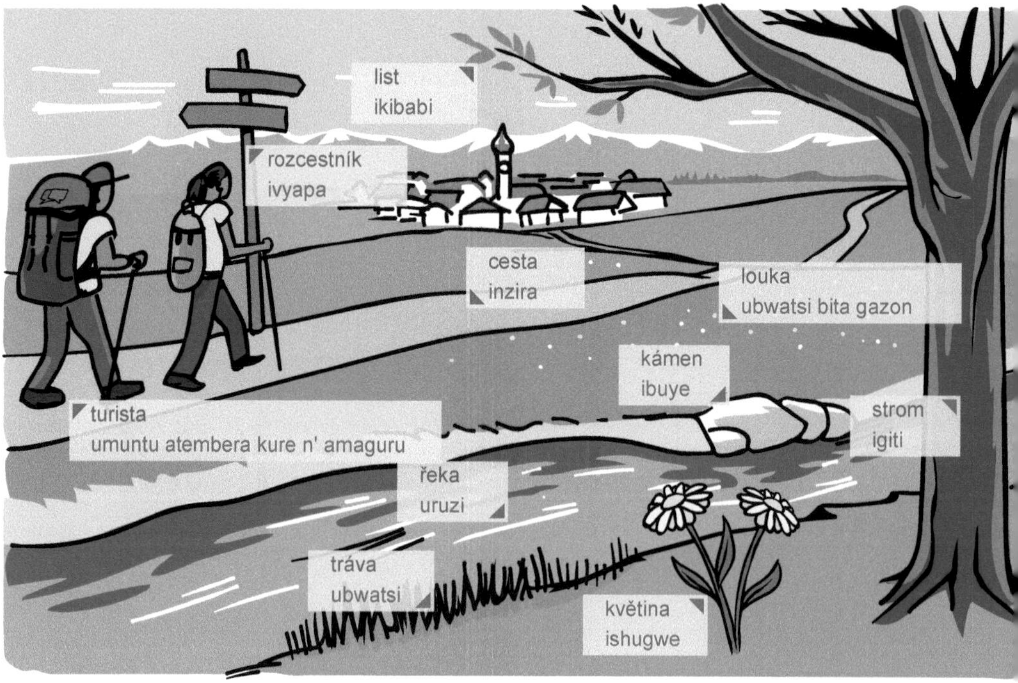

list
ikibabi

rozcestník
ivyapa

cesta
inzira

louka
ubwatsi bita gazon

kámen
ibuye

strom
igiti

turista
umuntu atembera kure n' amaguru

řeka
uruzi

tráva
ubwatsi

květina
ishugwe

údolí
ikiyaya

hora
umusozi

jezero
ikiyaga

les
ishamba

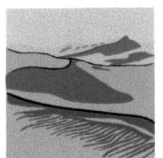

poušť
ubugaragwa

sopka
ikirunga

zámek
ishato

duha
umunywamazi

houba
ikizinu

palma
ikigazi

komár
umubu

moucha
isazi

mravenec
urutozi

včela
uruyuki

pavouk
igitangurigwa

brouk

agakoko gato bita
coléoptère

žába

igikere

veverka

agakoko bita écureuil

ježek

ikinyogote

zajíc

urukwavu

sova

igihuna

pták

inyoni

labuť

imbata

divoké prase

ingurube y' ishamba

jelen

idubu

los

igikoko bita élan

přehrada

urugomero

větrné kolo

icuma gitanga
umuyagankuba

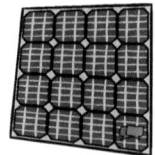

solární panel

ikimuri c' imishwarara

podnebí

igihe

restaurace
resitora

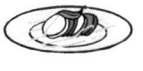

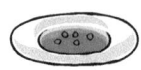

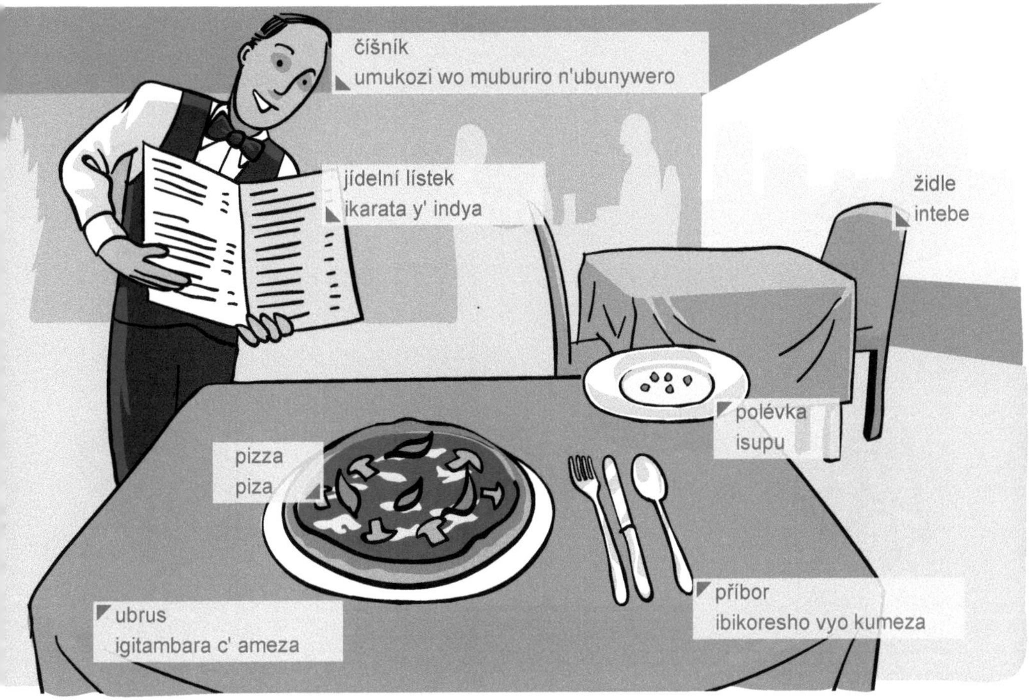

číšník
umukozi wo muburiro n'ubunywero
jídelní lístek
ikarata y' indya
židle
intebe
polévka
isupu
pizza
piza
příbor
ibikoresho vyo kumeza
ubrus
igitambara c' ameza

předkrm

indya y' ibanze

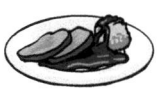

hlavní chod

indya nkuru

dezert

deseri

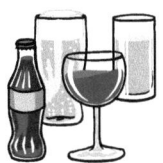

nápoje

inyobwa

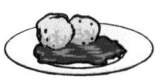

jídlo

infungugwa

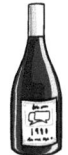

láhev

icupa

rychlé občerstvení

infungugwa batekanye
ingoga

pouliční občerstvení

Infungugwa barya bagenda

čajová konvice

ibirika y' icayi

cukřenka

agakopo k' isukari

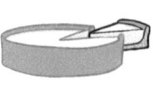

porce

igipande c' indya

kávovar na espresso

imachini ikora espresso

dětská stolička

intebe ndende

faktura

inyemazabuguzi

tác

ako batwarako infungugwa

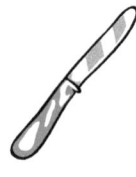

nůž

imbugita yo kumeza

vidlička

ikanya

lžíce

ikiyiko

čajová lyžička

akayiko k' icayi

ubrousek

seriviyeti

sklenička

ikirahuri

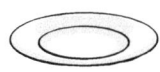

talíř
isahani

talíř na polévku
isahani y' isupu

podšálek
isutasi

omáčka
isosi

slánka
akanyanyagiza umunyu ku
ndya

mlýnek na pepř
agasya ipiripiri

ocet
vinaigre

olej
amavuta

koření
indyoshandya

kečup
kecapu

hořčice
mutaride

majonéza
mayoneze

supermarket
supermarshe

nabídka
ivyagabanyijwe igiciro
zákazník
umuguzi
FOR
mléčné výrobky
ibiva ku mata
ovoce
icamwa
nákupní vozík
agakinga ko mw' iduka

BUTCHERS

masna

amacuniro

BAKERY

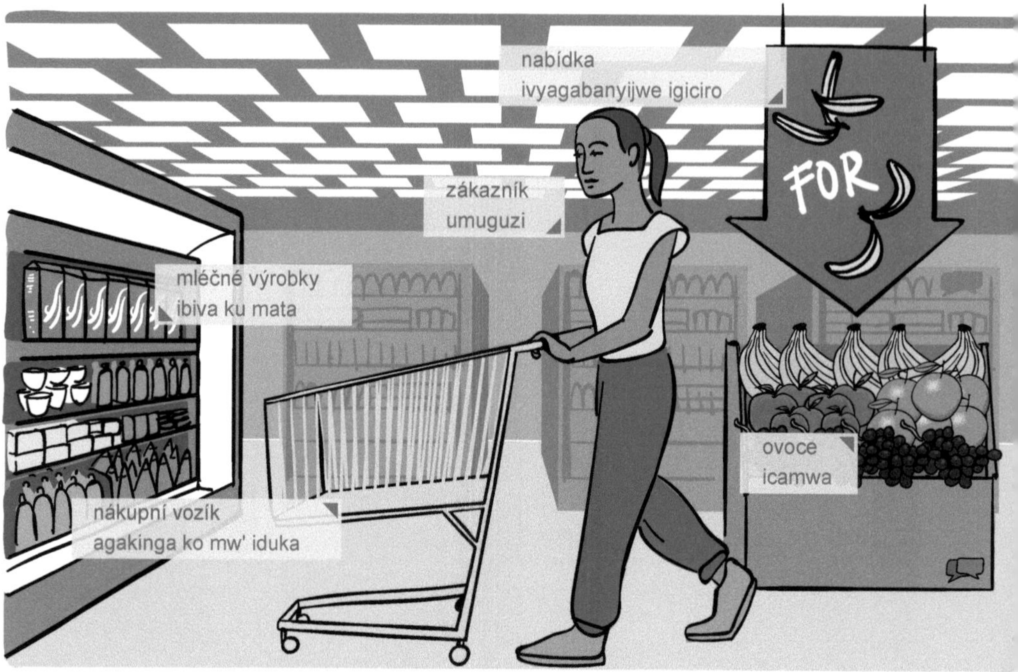

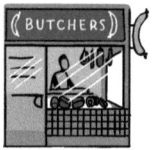

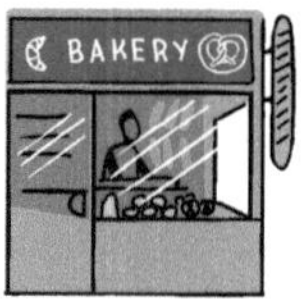

pekařství

iburangeri

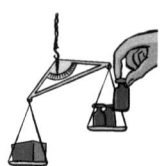

vážit

gupima

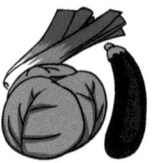

zelenina

imboga

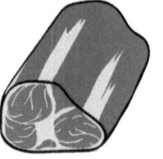

maso

inyama

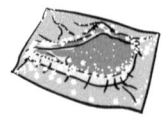

mražené potraviny

Imfungurwa zikanye cane

obložený talíř

mfungugwa bita charcuterie
en tranches

konzervy

amafunguro yo mu
mabwate

prací prášek

isabune yo kumesura

cukrovinky

ibisosa

výrobky pro domácnost

ibikoresho vyo muhira

čisticí prostředek

ibikoresho vy'isuku

prodavačka

umudandaza

pokladna

kese

pokladní

umuntu yakira amahera

nákupní seznam

urutonde rw' ibidandazwa

otevírací doba

amasaha yo kugurura

peněženka

ingodomoni

kreditní karta

ikarata y' amahera

taška

isakoshe

igelitová taška

ishakoshe ya parastike

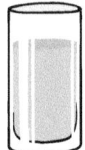

voda

amazi

džus

umutobe

mléko

amata

kola

koka

víno

umuvinyo

pivo

ikiyeri

alkohol

inzoga

kakao

kakao

čaj

icayi

káva

ikawa

espresso

ikawa yitwa espresso

kapučíno

ikawa yitwa kapucino

banán

umuhwi

jablko

ipome

pomeranč

umucungwe

meloun

icamwa bita melon

citrón

indimu

mrkev

ikaroti

česnek

igitungurusumu

bambus

umugano

cibule

igitunguru

houba

ikizinu

ořechy

ibiyoba

těstoviny

amakaroni

špageti

spagetti

rýže

umuceri

salát

isarade

hranolky

ifiriti

americké brambory

ifiriti

pizza

piza

hamburger

hamburugere

sendvič

sandwich

řízek

infungugwa bita escalope

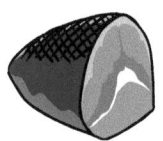

šunka

jambo

salám

salami

salám

isosiso

kuře

inyama y' inkoko

pečeně

umusoso

ryby

ifi

ovesné vločky

infungugwa bita flocons d' avoine

müsli

imfungugwa bita müsli

vločky

infungugwa bita corn - flakes

mouka

ifarini

croissant

umukate bita croissant

houska

umukate muto

chléb

umukate

toast

umukate bashusha

sušenky

ibisuguti

máslo

amavuta

tvaroh

iforomaji yera

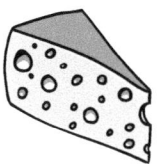

buchta

igato

vejce

irigi

volské oko

amafunguro bita oeuf au plat

sýr

iformaji

zmrzlina

infungugwa bita crème
glacée

cukr

isukari

med

ubuki

marmeláda

ikonfitire

nugátový krém

imfungugwa bita praliné

kari

infungugwa bita curry

usedlost
ubwororero

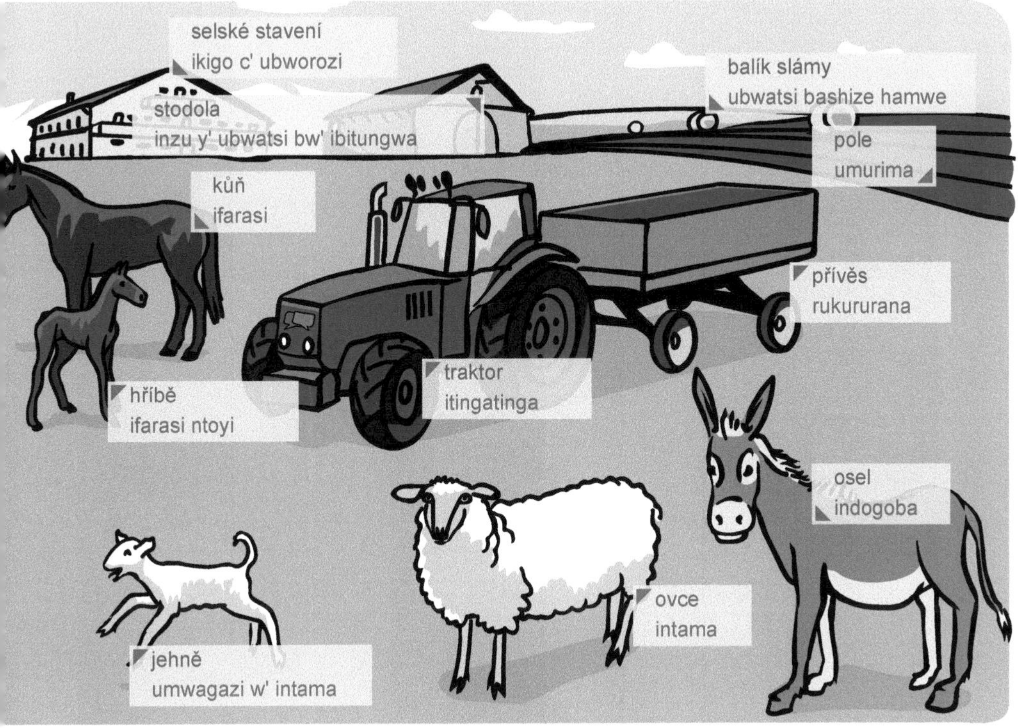
selské stavení
ikigo c' ubworozi
stodola
inzu y' ubwatsi bw' ibitungwa
balík slámy
ubwatsi bashize hamwe
pole
umurima
kůň
ifarasi
přívěs
rukururana
traktor
itingatinga
hříbě
ifarasi ntoyi
osel
indogoba
ovce
intama
jehně
umwagazi w' intama

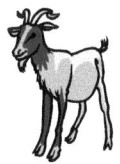

koza

impene

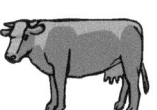

kráva

inka

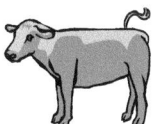

tele

inyana

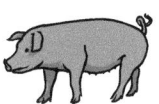

prase

ingurube

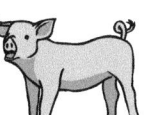

sele

ikibuguru

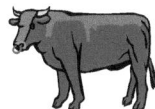

býk

impfizi

husa

inyoni yitwa oie

kachna

imbata

kuře

umuswi

slepice

inkokokazi

kohout

isake

krysa

imbeba nini

kočka

akayabu

myš

imbeba

vůl

ishuri

pes

imbwa

psí bouda

umusaka w'imbwa

zahradní hadice

umuringoti wo kuvomerera umurima

kropicí konev

ico bakoresha basukira amashurwe

kosa

urukero

pluh

majagu

srp
umuhoro

motyka
isuka

vidle
ikinyanyagiza ibitabizo irya n'ino

sekera
ishoka

kolecko
inkorofani

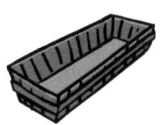

koryto
ubwato

konev na mléko
icansi

pytel
umufuko

plot
urugo

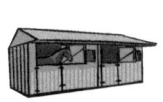

stáj
indaro y' ibitungwa

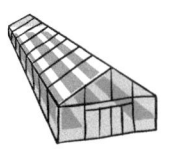

skleník
utuzu bashusha kugirango ibimera birimwo bikure

půda
isi

osivo
imbuto

hnojivo
ifumbire

kombajn
imashini yimbura

sklidit
....
kwimbura

sklizeň
....
umwimbu

smldinec
....
infungugwa bita igname

pšenice
....
ingano

sója
....
isoya

brambora
....
ikiraya

kukuřice
....
ikigori

řepka
....
ubwoko bw' ingano bita
colza

ovocný strom
....
igiti c' ivyamwa

maniok
....
imyumbati

obilí
....
ibinyantete

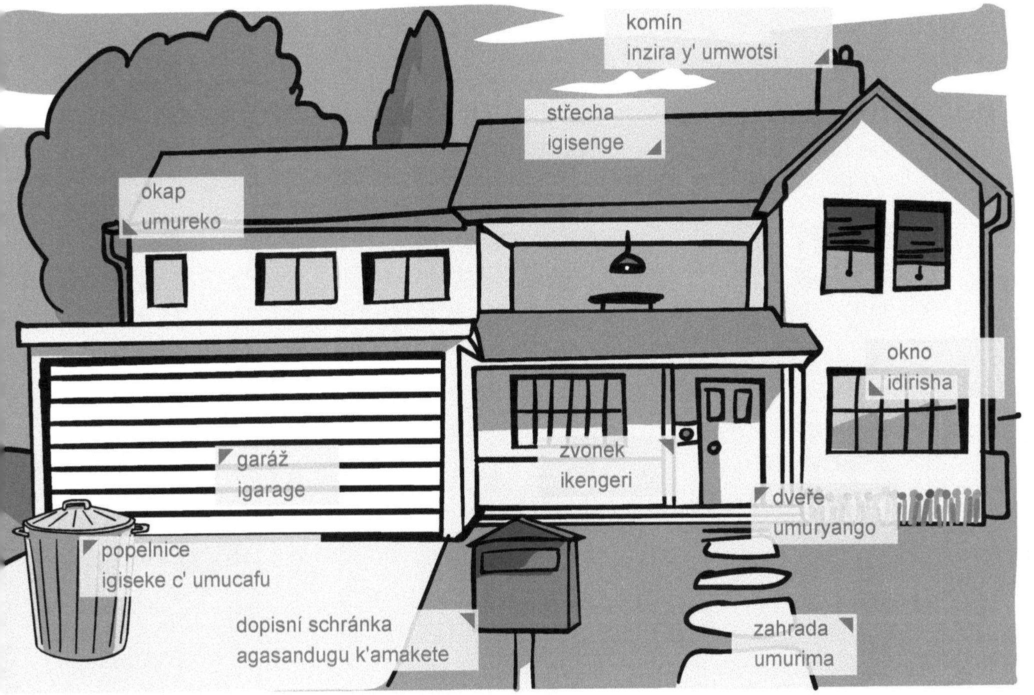

komín
inzira y' umwotsi

střecha
igisenge

okap
umureko

okno
idirisha

garáž
igarage

zvonek
ikengeri

dveře
umuryango

popelnice
igiseke c' umucafu

dopisní schránka
agasandugu k'amakete

zahrada
umurima

obývací pokoj

isaro

koupelna

ubwogero

kuchyně

igikoni

ložnice

icumba co kuraramo

dětský pokoj

icumba c' umwana

jídelna

uburiro

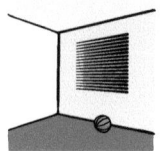

podlaha
....
hasi

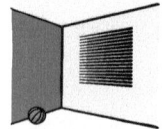

zeď
....
uruhome

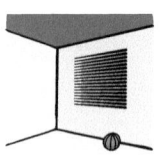

deka
....
igisenge c' inzu

sklep
....
kave

sauna
....
sauna

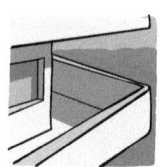

balkón
....
ibaraza

terasa
....
ibaraza

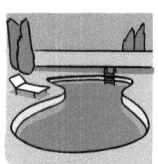

bazén
....
aho bogera

sekačka na trávu
....
itondezi

ložní prádlo
....
igikaratasi

lůžková přikrývka
....
uburengeti

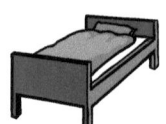

postel
....
uburiri

smeták
....
umweyerezo

kýbl
....
indobo

vypínač
....
akabuto

obývací pokoj
isaro

tapeta
igisharizo
obrázek
isanamu
žárovka
itara
police
akabati
skříň
akabati
televizor
imboneshakure
komín
igicaniro
květina
ishugwe
polštář
umusagamiro
gauč
ifoteyi
váza
ivaze
dálkový ovladač
terekomande

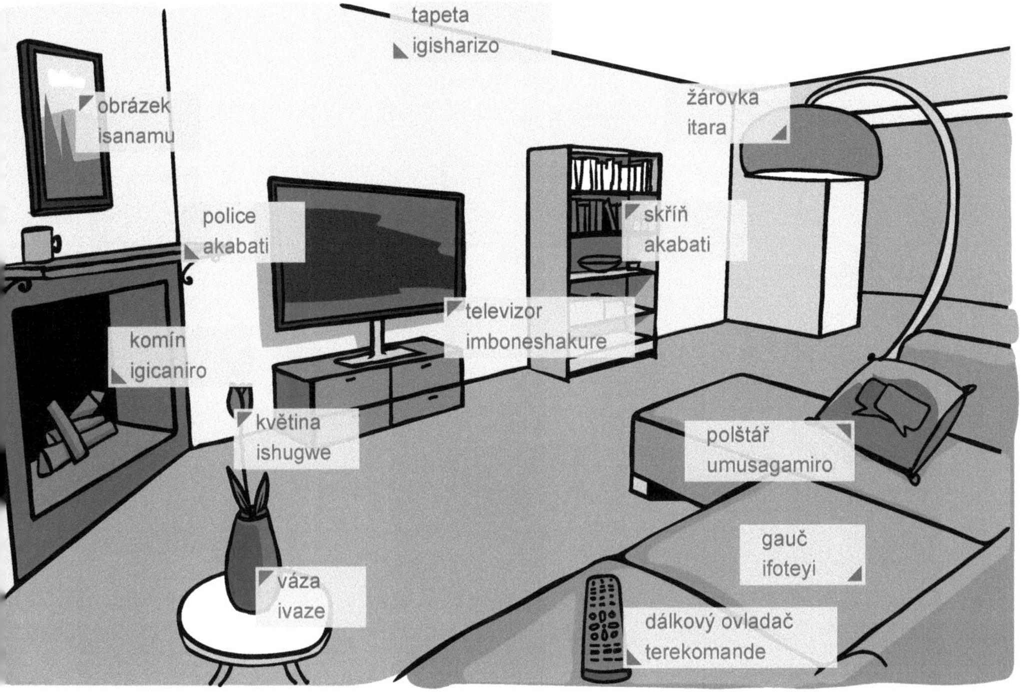

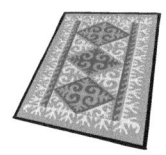

koberec

itapi

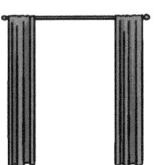

závěs

irido

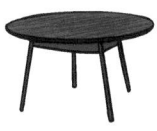

stůl

ameza

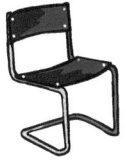

židle

intebe

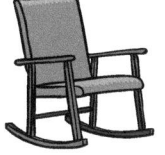

houpací křeslo

intebe icundera

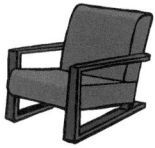

křeslo

ifoteyi

kniha

igitabo

strop

ikirengeti

ozdoba

ibitako

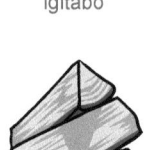

palivové dříví

inkwi

film

ireresi

stereo souprava

ivyuma vy' umuziki

klíč

urufunguruzo

noviny

ikinyamakuru

malba

gusiga amarangi

plakát

isanamu nini

rádio

insamirizi

poznámkový blok

ikaye ndangaminsi

vysavač

asipirateri

kaktus

icimera bita cactus

svíce

ibuji

kuchyně
igikoni

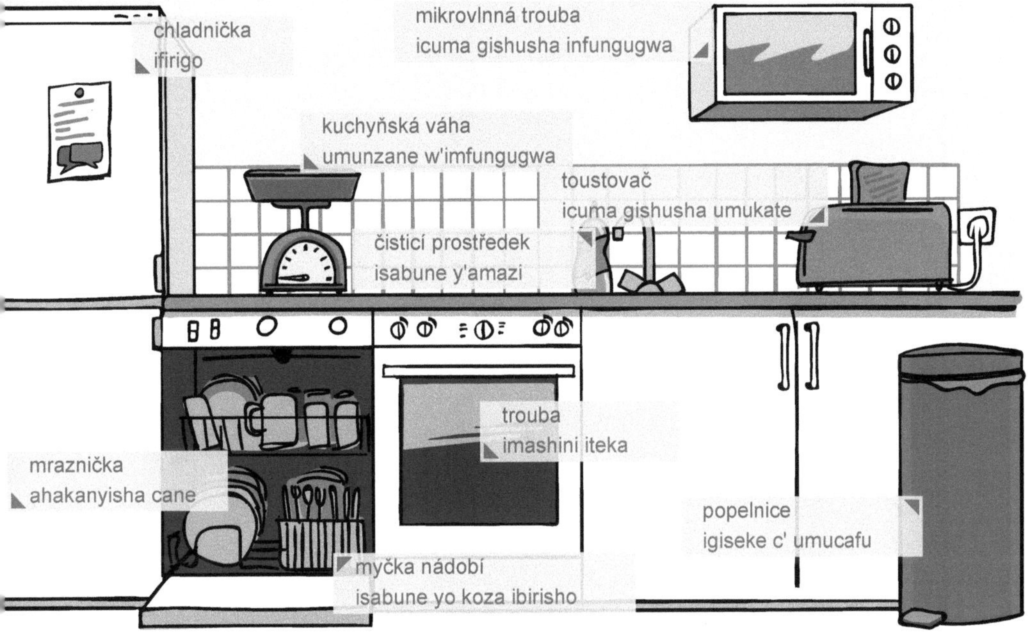
chladnička
ifirigo
mikrovlnná trouba
icuma gishusha infungugwa
kuchyňská váha
umunzane w'imfungugwa
toustovač
icuma gishusha umukate
čisticí prostředek
isabune y'amazi
trouba
imashini iteka
mraznička
ahakanyisha cane
popelnice
igiseke c' umucafu
myčka nádobí
isabune yo koza ibirisho

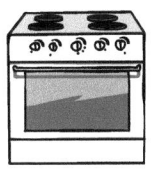

sporák
ishiga

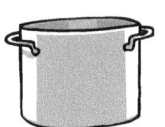

hrnec
isafuriya

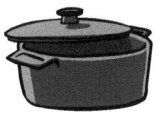

litinový hrnec
isafuriya y' icuma

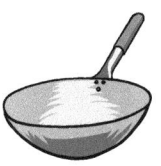

wok / kadai
ipanu bita wok

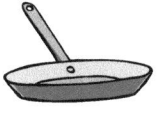

pánev
ipanu

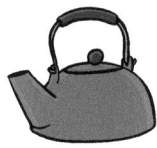

varná konvice
akuma gashusha amazi

parní hrnec

isafuriya itekesha umuhisha

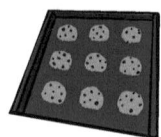

plech na pečení

ico bakorerako imikate

nádobí

ibirisho

hrnek

igikombe

miska

ibakure

jídelní hůlky

uduti two kurisha

naběračka

icaruzo c' isupu

obracečka

ikimamiro

metla

agakubitisho

síto

imashini isya ibifungurwa

cedník

akayunguruzo

struhadlo

agakatakata imfungugwa

hmoždíř

agasekuro

gril

icokerezo

ohniště

urucaniro

prkénko na krájení

urubaho rwo gukatirako

váleček na těsto

akabaho bakoresha spageti

vývrtka

urupfunguzo rw'umuvinyu

dóza

agasandugu

otvírák na konzervy

urupfunguzo
rw'agasandugu

chňapka

ivyo gufatisha isafuriya
ishushe

umyvadlo

icogerezo

kartáč na nádobí

uburoso

houba

ivyogesho

mixér

imigiseri

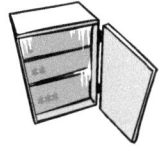

mrazák

frigo nini ikanyisha cane

dětská lahev

bibero

kohoutek

ivomo

kuchyně - igikoni

koupelna
ubwogero

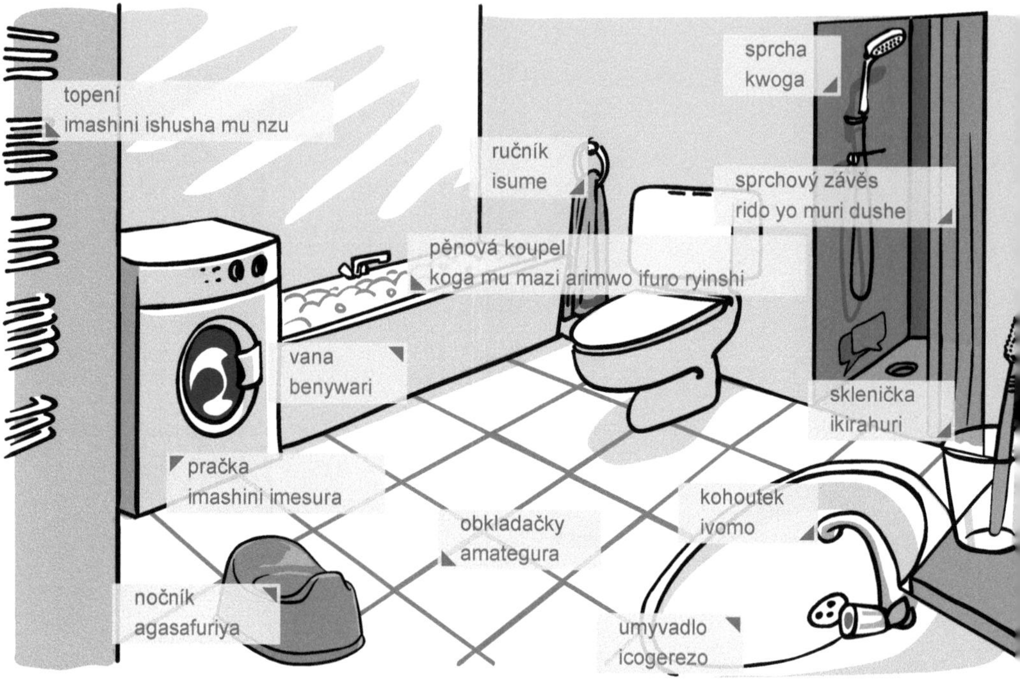

sprcha
kwoga

topení
imashini ishusha mu nzu

ručník
isume

sprchový závěs
rido yo muri dushe

pěnová koupel
koga mu mazi arimwo ifuro ryinshi

vana
benywari

sklenička
ikirahuri

pračka
imashini imesura

obkladačky
amategura

kohoutek
ivomo

nočník
agasafuriya

umyvadlo
icogerezo

záchod

Akazu ka surwumwe

turecký záchod

akazu ka surwumwe
k'ikirundi

bidet

akantu gatoya bogeraho

pisoár

aho basoba

toaletní papír

ibikaratase vyo kwi sukuza
mu nzu ya surwumwe

záchodová štětka

uburoso bwoza akazu ka
surwumwe

zubní kartáček

umujigiti

zubní pasta

umuti wo koza amenyo

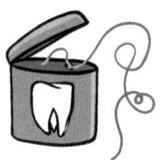

zubní niť

utugozi two gusukura amenyo

mýt

koza

ruční sprcha

ikinyuko

intimní sprcha

ubwoko bwa dushe

umyvadlo

ico bakarabiramo intoki

kartáč na záda

uburoso busukura mu mugongo

mýdlo

isabune

sprchový gel

isabuni yo kwoga

šampón

shampo

žínka

agatambara ko kwisukura

odpad

umuringoti

krém

amavuta yo kwisiga

deodorant

iparufe yo mu kwaha

zrcadlo

icirore

kosmetické zrcátko

icirore

holicí strojek

imashini imwa ubwanwa

pěna na holení

ifuro ryo kumwa ubwanwa

voda po holení

umuti basiga aho bamoye

hřeben

igisokozo

kartáč

uburoso

fén

akuma kumutsa umushatsi

lak na vlasy

amavuta bapuriza mu mushatsi

makeup

ibikoresho vyo kwipodora

rtěnka

amavuta afise ibara yo k'umunywa

lak na nehty

verni y'inzara

vata

ipampa

nůžky na nehty

umukasi uca inzara

parfém

iparufe

taška s toaletními potřebami

agasaho k' ivyo kwisukura
ku rugendo

stolička

agatebe

váha

umunzane

župan

penywari

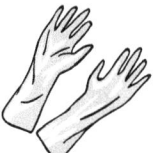

gumové rukavice

udufuko tw' intoke iyo
bakora isuku

tampón

kotegisi

dámská vložka

kotegisi

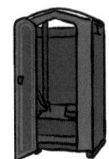

chemická toaleta

ubwoko bw'akazu ka
surwumwe

dětský pokoj
icumba c' umwana

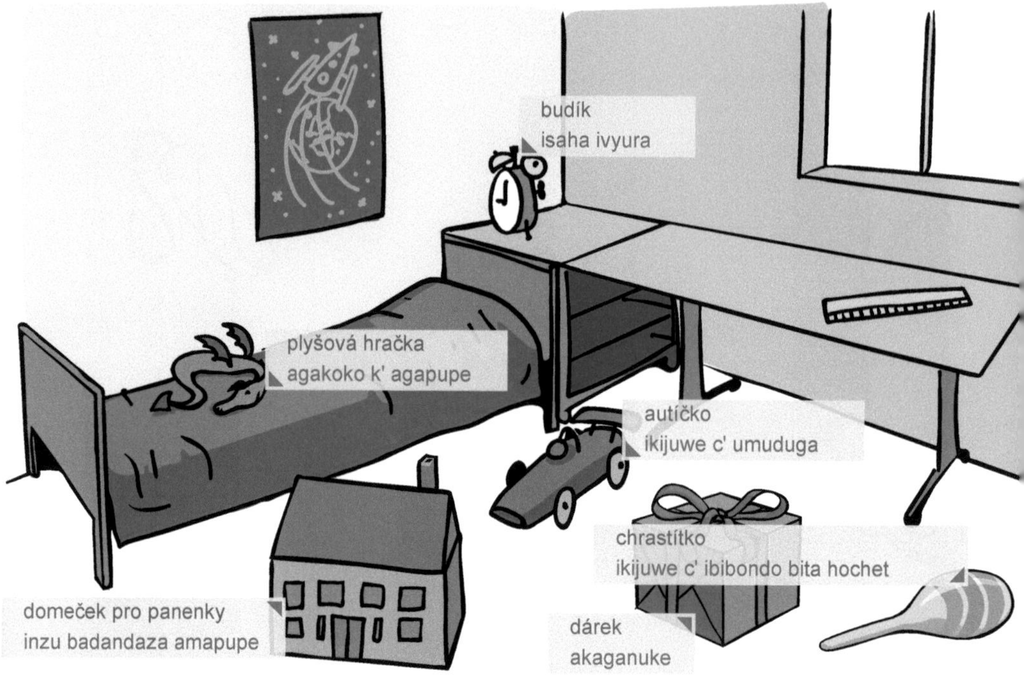

budík
isaha ivyura
plyšová hračka
agakoko k' agapupe
autíčko
ikijuwe c' umuduga
chrastítko
ikijuwe c' ibibondo bita hochet
domeček pro panenky
inzu badandaza amapupe
dárek
akaganuke

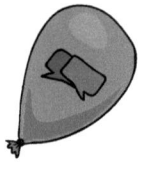

balón

igipurizo

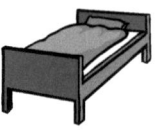

postel

uburiri

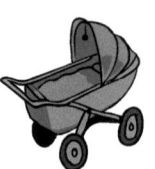

kočárek

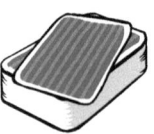

balíček karet

urukino rw' ikarata

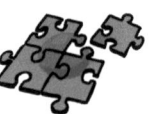

puzzle

urukino bita puzile

SUPER
MEGA

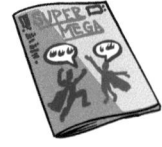

komiks

ibitabo vy' amashusho

lego kostky

urukino bita lego

stavebnice

ibijuwe vyo kubaka

akční figurka

ipupe

dupačky

impuzu yo kurarana y abana

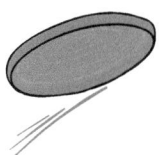

frisbee

urukino bita frisbi

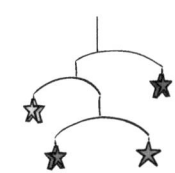

závěsné hračky nad postýlku
udukinisho two ku buriri bw' ibibondo

desková hra

urukino rwo kumeza

kostky

agakinisho bita de

modelová železnice

gari ya moshi z' ibikinisho

dudlík

madanganya

oslava

umunsi mukuru

obrázková kniha

igitabo c' ibicapo

míč

umupira

panenka

igipupe

hrát si

gukina

pískoviště

umusenyi abana
bakiniramwo

houpačka

uruvuma

hračky

ikijuwe

hrací konzole

urukino nyabwonko

tříkolka

ikinga ry'amapine atatu

medvídek

igikoko bita ours c 'ikijuwe

šatník

akabati k' impuzu

oblečení

impuzu

ponožky

amashesheti

punčochy

amashesheti maremare

punčochové kalhoty

ubwoko bw'impuzu zifata
kandi zigaruka cane

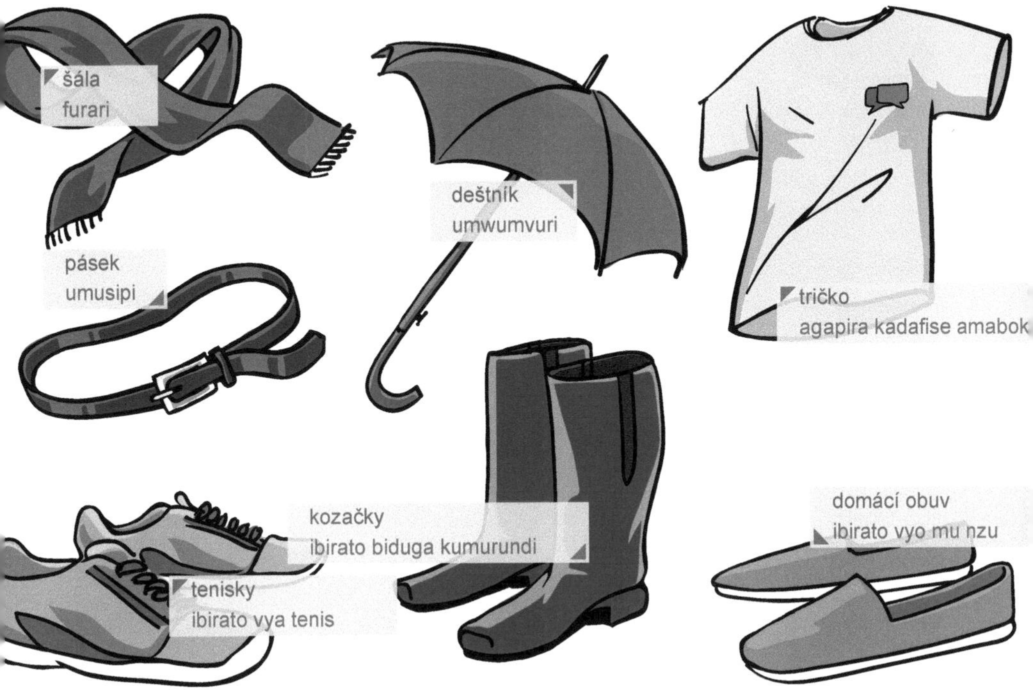

šála
furari

deštník
umwumvuri

pásek
umusipi

tričko
agapira kadafise amabok

kozačky
ibirato biduga kumurundi

domácí obuv
ibirato vyo mu nzu

tenisky
ibirato vya tenis

sandály
....
isandari

obuv
....
ibirato

holínky
....
ingamiya

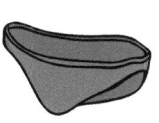

spodní prádlo
....
imwesho

podprsenka
....
isutiye

nátělník
....
isengeri

oblečení - impuzu

45

body
impuzu z' imbere

kalhoty
ipantaro

džíny
ijinisi

sukně
ijipo

blůza
agashati koroshe kabagore

košile
ishati

svetr
umupira w' imbeho

mikina
umupira w'imbeho ufise
inkofero

blejzr
blazeri

bunda
ikoti

kabát
ikoti rirerire

pláštěnka
ikoti y'imvura

kostým
kositime

šaty
ikanzu

svatební šaty
ikazu y'umugeni

oblek
....
kositime

noční košile
....
ikanzu yo kurarana

pyžamo
....
impuzu z' ijoro

sárí
....
imvutano z'abahindi

šátek na hlavu
....
igitambara co mu mutwe

turban
....
igitambara co mu mutwe
bita turban

burka
....
impuzu z' abasiramukazi

kaftan
....
ikanzu bita kaftan

abája
....
impuzu y' abasiramu

plavky
....
impuzu yo kogana

pánské plavky
....
impuzu yo kwogana
y'abagabo

kraťasy
....
imwesho

teplaková souprava
....
itereningi

zástěra
....
itaburiya

rukavice
....
udufuko tw' intoke

knoflík

igifungo

brýle

amarori

náramek

igikomo

náhrdelník

akadede

prsten

impeta

náušnice

ihereni

čepice

inkofero

ramínko

porutemanto

klobouk

inkofero

kravata

karavate

zip

imashini

helma

inkofero yo kwikingira

kšandy

imisipi

školní uniforma

impuzu y' ishure

uniforma

umwambaro rusangi w'ahantu

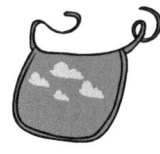

bryndák

utwo bambika ibibondo iyo birya

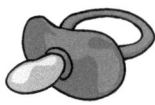

dudlík

madanganya

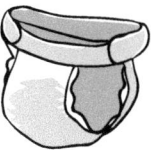

plena

iranje

kancelář

ibiro

server
seriveri
kartotéka
akabati k' ivyangombwa
apír
rukaratasi
tiskárna
empirimante
monitor
ekra
psací stůl
ameza yo kwandikirako
myš
suri
šanon
ico bashiramwo ivyangombwa
klávesnice
karaviye
adkový koš na papír
seke bajugunyamo amakaratasi
počítač
nyabwonko
židle
intebe

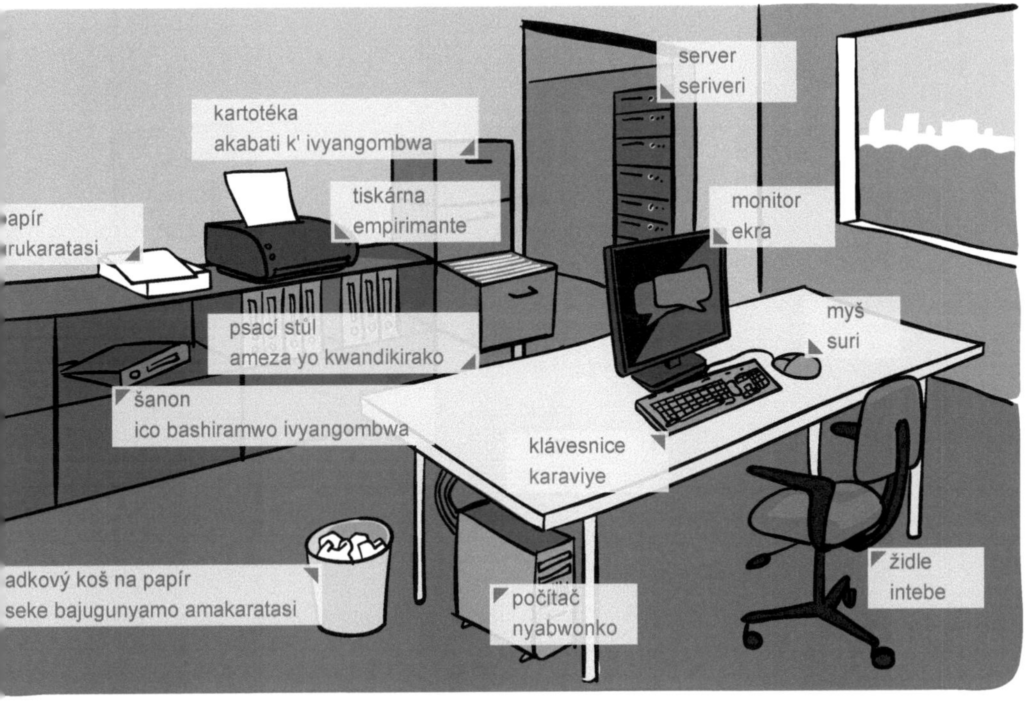

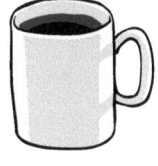

hrnek na kávu

igikombe c' ikawa

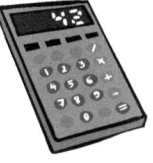

kalkulačka

imashini iharura

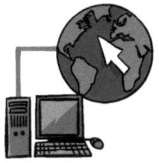

internet

ubuhinga ngurukanabumenyi

notebook

inyabwonko ngendanwa

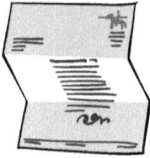

dopis

ikete

zpráva

ubutumwa

mobil

telefoni ngendanwa

síť

rezo

kopírka

fotokopiyeze

software

rojisiyeri

telefon

telefoni

zásuvka

purize

fax

fagisi

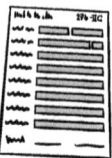

formulář

urukaratasi rwo kuzuza

dokument

icangombwa

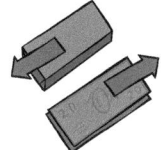

nakupovat

kugura

zaplatit

kuriha

jednat

kudandaza

peníze

amahera

dolar

idorari

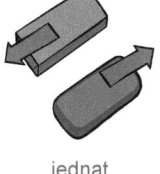 

euro

iyero

jen

iyene

rubl

amahera y' abarusiya

frank

amahera y' abasuwisi

juan

amahera bita renmimbi
yuan

rupie

amahera bita rupi

bankomat

icuma gitanga amahera

směnárna

ku bavunjayi

zlato

inzahabu

stříbro

umujumbu

olej

ipeteroli

energie

inguvu

cena

ikiguzi

smlouva

amasezerano

daň

amakori

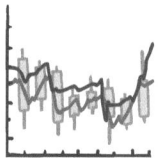

akcie

igice

pracovat

gukora

zaměstnanec

umukozi

zaměstnavatel

umukoresha

továrna

ihinguriro

obchod

akaduka

povolání
imirimo

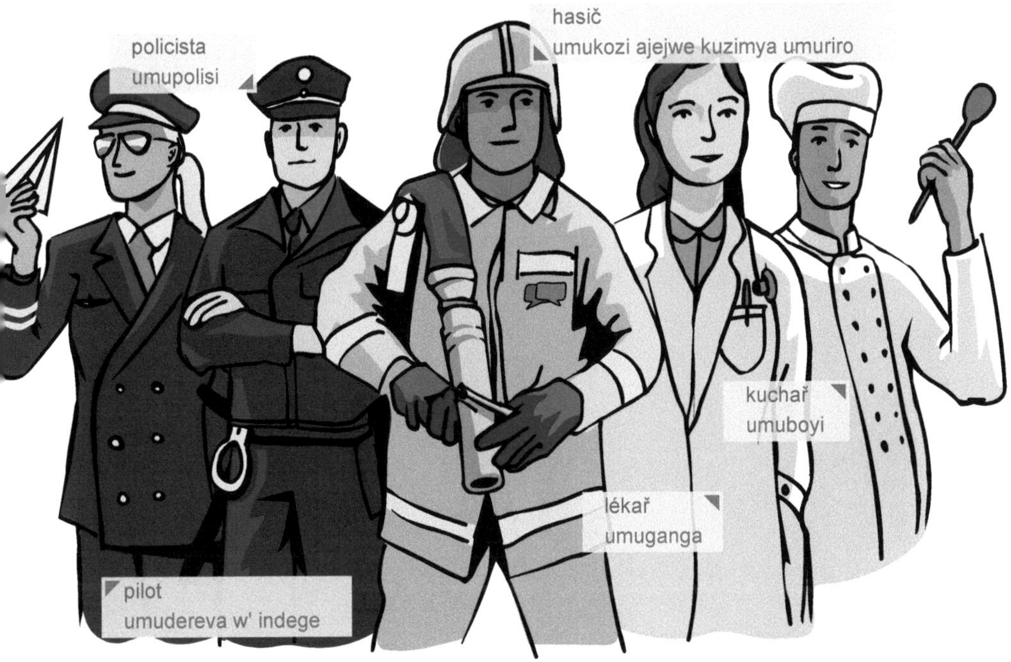
hasič
umukozi ajejwe kuzimya umuriro
policista
umupolisi
kuchař
umuboyi
lékař
umuganga
pilot
umudereva w' indege

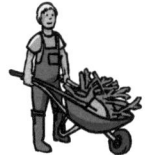

zahradník

umukozi akora murikarima

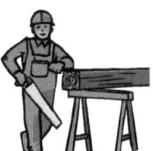

truhlář

umubaji

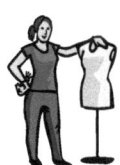

švadlena

umushonyi

soudce

umucamanza

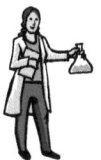

chemik

umuhinga mu vya chimie

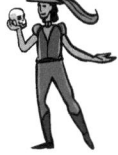

herec

umukinyi w'amareresi

řidič autobusu

umudereva w' ibisi

řidič taxi

umudereva w' itagisi

rybář

umurovyi

uklízečka

umuzezwanzukazi

pokrývač

sharupantiye

číšník

umukozi wo muburiro
n'ubunywero

myslivec

umuhigi

malíř

umufundi w' amarangi

pekař

umuntu akora imikate

elektrikář

umufundi w' amatara

stavební dělník

umwubatsi

inženýr

enjeniyeri

řezník

umuyangayanga

klempíř

umufundi w' amazi

listonoš

umuparanto

voják

umusoda

architekt

umuntu acapa inyubako

pokladní

umuntu yakira amahera

florista

mukozi ajejwe amashugwe

kadeřník

kimyozi

průvodčí

kontororeri

mechanik

umufundi w' imiduga

kapitán

umudereva w' ubwato

zubař

umuganga w' amenyo

vědec

umuhinga mu vya siyansi

rabín

umuhinga mu bayahudi bita rabi

imám

imame

mnich

umuvugiramana

duchovní

umuvugiramana

nářadí
ibikoresho vy' ubwubatsi

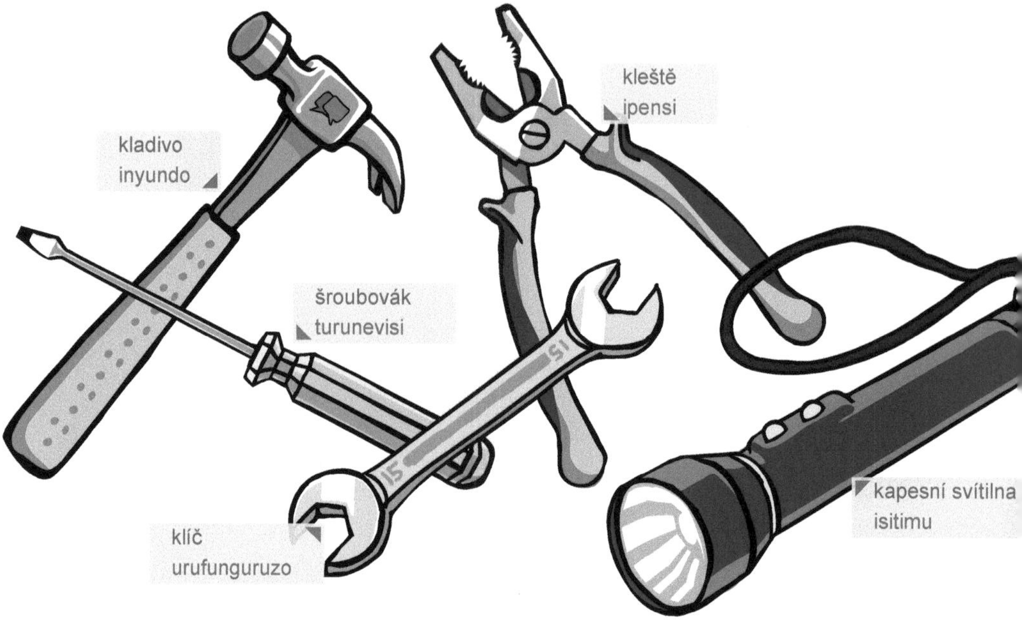
kladivo
inyundo
kleště
ipensi
šroubovák
turunevisi
klíč
urufunguruzo
kapesní svítilna
isitimu

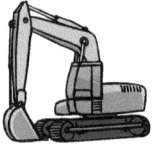

bagr
tingatinga

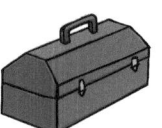

skříň na nářadí
isaho y' ibikoresho

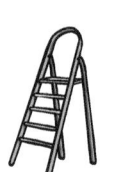

žebřík
ingazi

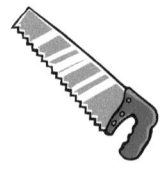

pila
umusumeno

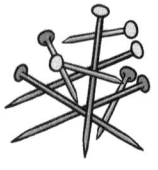

hřebíky
imisumari

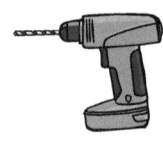

vrtačka
icuma bita foreuse

opravit
gukora

lopata
igipawa

Kurva!
asyi!

lopatka
agaterura umucafu

vědroé na barvu
indobo y' irangi

šrouby
ivis

hudební nástroje

ivyuma vyo gucuraranga

reproduktor
icuma bita Haut parleur

bicí
icuma ca musika bita batterie

kytara
igitari

kontrabas
icuma ca musika bita contrebasse

trubka
icuma ca musika bita trompette

klavír

icuma ca musika bita piano

housle

icuma ca musika bita violon

basa

gitare icuranga Bass

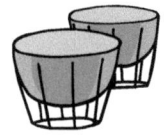

tympán

icuma ca musika bita
timbale

bubny

ingoma

keyboard

icuma ca musika bita piano
electrique

saxofon

icuma ca musika bita
saxophone

flétna

umwirongi

mikrofon

mikoro

zoo

iratiro ry' ibikoko

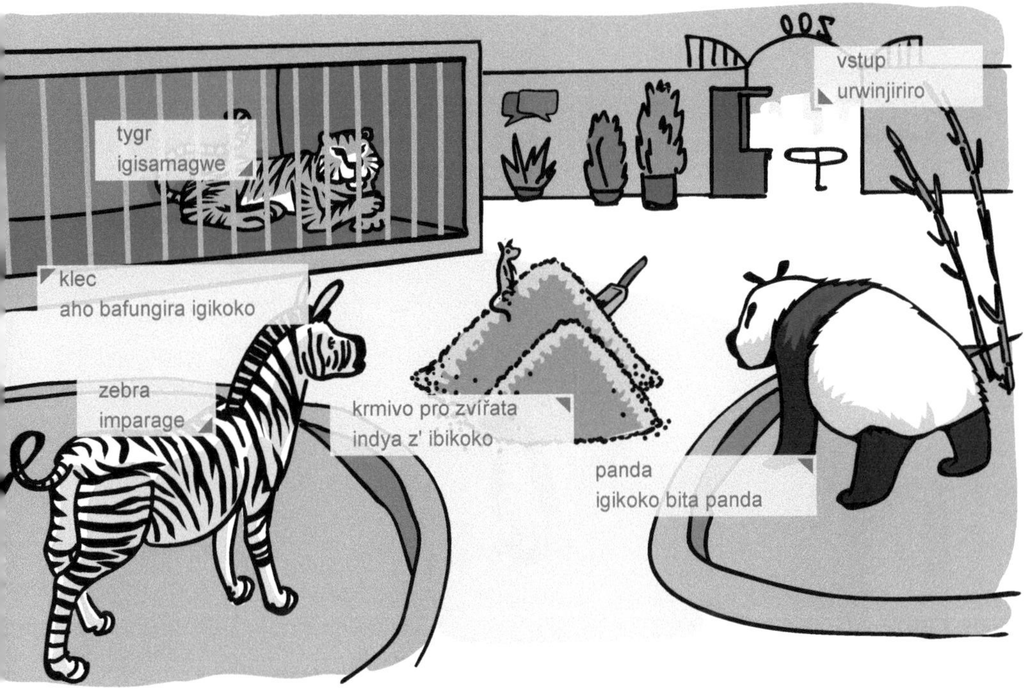
zoo
vstup
urwinjiriro
tygr
igisamagwe
klec
aho bafungira igikoko
zebra
imparage
krmivo pro zvířata
indya z' ibikoko
panda
igikoko bita panda

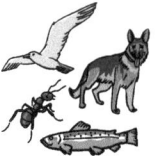

zvířata

ibikoko

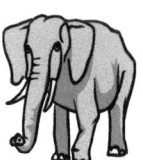

slon

inzovu

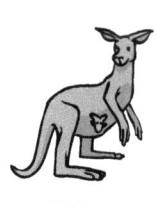

klokan

Kanguru

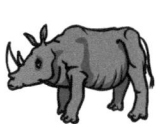

nosorožec

igikoko bita Rhynoceros

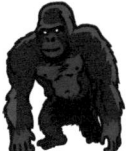

gorila

inguge

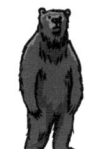

medvěd

igikoko bita ours

velbloud

ingamiya

pštros

inyoni bita autriche

lev

intare

opice

inkende

plameňák

inyoni bita flamant rose

papoušek

gasuku

lední medvěd

igikoko bita ours blanc

tučňák

inyoni bita pinguin

žralok

ifi bita requin

páv

inyoni bita paon

had

inzoka

krokodýl

ingona

ošetřovatel zvířat

umurinzi w' iratiro ry' ibikoko

tuleň

igikoko bita phoque

jaguár

igikoko bita jaguar

poník
bwoko bw' ifarasi bita pony

leopard
ingwe

hroch
imvubu

žirafa
umusumbarembo

orel
agaca

divoké prase
ingurube y' ishamba

ryby
ifi

želva
akanyamasyo

mrož
igikoko bita morse

liška
imbwebwe

gazela
ingeregere

americký fotbal
urukino rwa football yo muri amerika

cyklistika
ugusiganwa ku makinga

tenis
urukino rwa tennis

košíková
urukino rwa basketball

plavání
koga

lední hokej
urukino rwa ice-hockey

box
urukino rw' ingumu

kopaná
umupira w'amaguru

badminton
urukino rwa badminton

lehká atletika
ubunonotsi

házená
urukino rwa handball

běh na lyžích
urukino rwa ski

vodní pólo
urukino rwa Polo

aktivity
imirimo

smát se
gutwenga
skočit
gusimba
objímat
kugumbirana
jít
kugenda
zpívat
kuririmba
snít
kurota
modlit se
gusenga
políbit
gusoma

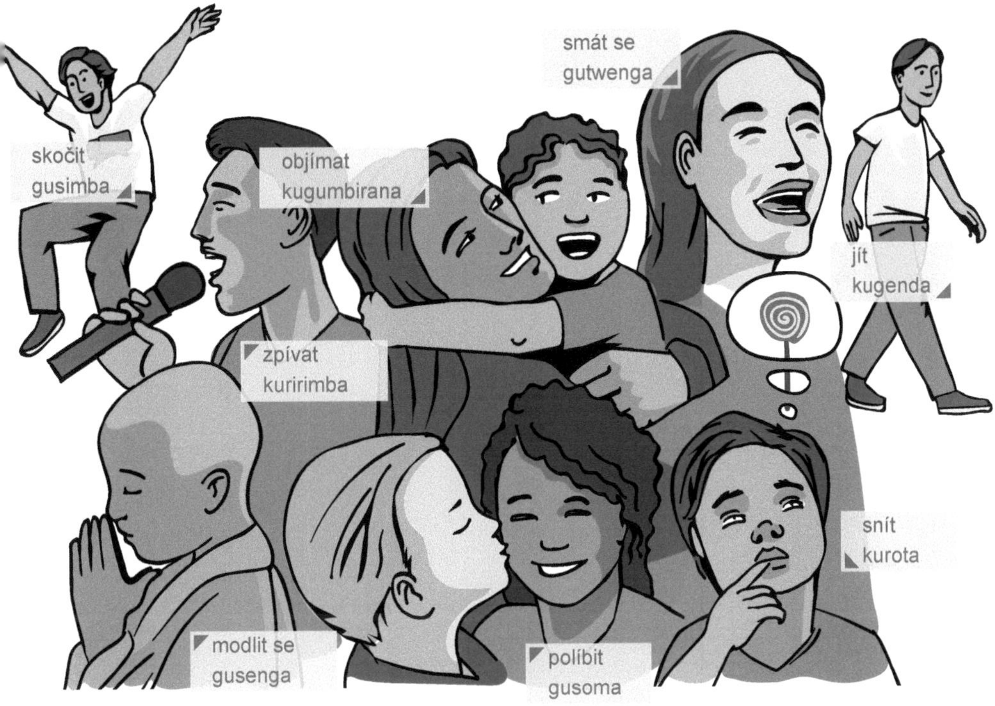

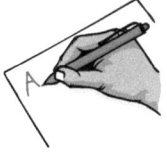

psát
kwandika

kreslit
gucapa

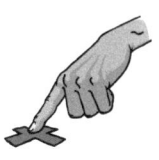

ukazovat
kwereka

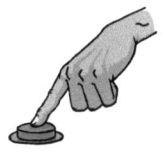

tlačit
gusuguma

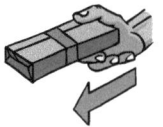

dát
gutanga

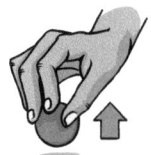

vzít si
gutora

mít	dělat	být
kugira	kugira	kuba

stát	běhat	táhnout
guhagarara	kwiruka	gukwega

hodit	padat	ležet
guta	gutemba	kurambarara hasi

čekat	nosit	sedět
kurindira	gutwara	kwicara

oblékat	spát	vzbudit se
kwambara	kuryama	kuvyuka

prohlédnout si

kuraba

plakat

kurira

pohladit

kwagaza

česat

gusokoza

hovořit

kuvuga

rozumět

gutahura

ptát se

kubaza

slyšet

kumviriza

pít

kunywa

jíst

gufungura

uklidit

gutondeka

milovat

gukunda

vařit

guteka

jet

gutwara

letět

kuguruka

plachtit

kugira siporo bita voile

počítat

guharura

číst

gusoma

učit se

kwiga

pracovat

gukora

vzít si

kurongora

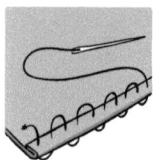

šít

gushona

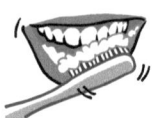

čistit si zuby

kwijigitura

zabít

kwica

kouřit

kunywa itabi

poslat

kurungika

rodina
umuryango

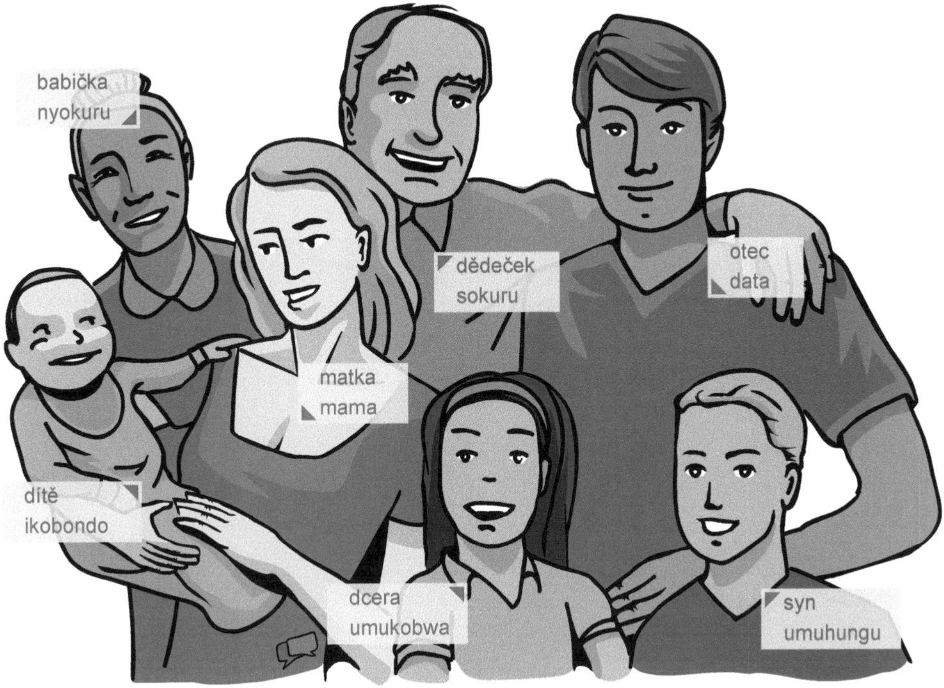
babička
nyokuru
dědeček
sokuru
otec
data
matka
mama
dítě
ikobondo
dcera
umukobwa
syn
umuhungu

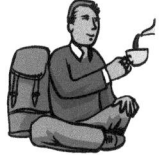

host

umushitsi

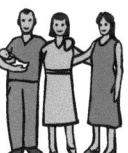

teta

masenge

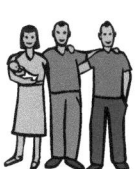

strýc

marume

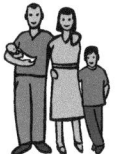

bratr

musaza w' umuntu

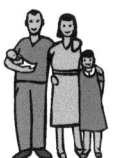

sestra

mushiki w' umuntu

tělo
umubiri

čelo
agahanga
oko
ijisho
rameno
urutugu
prst
urutoki
obličej
isura
brada
agasakanwa
ruka
ikiganza
dolní končetina
ukuguru
hruď
agatuntu
paže
ukuboko

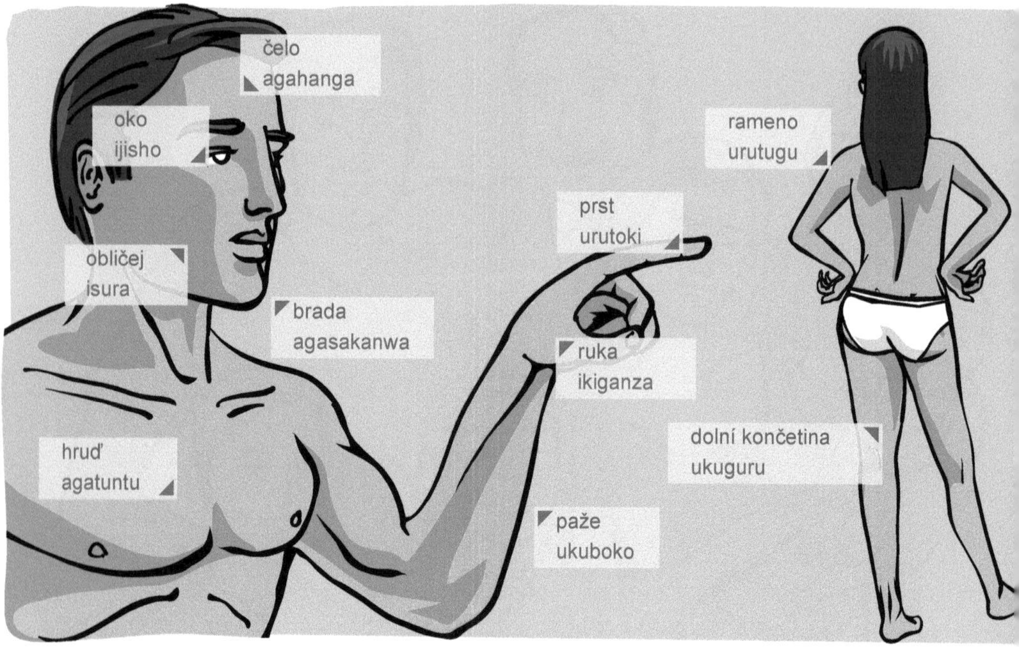

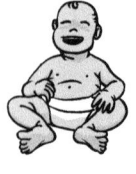

dítě

ikobondo

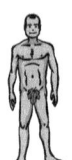

muž

umugabo

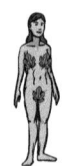

žena

umugore

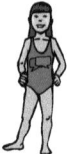

dívka

umwigeme

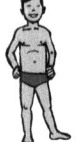

chlapec

umuhungu

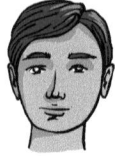

hlava

umutwe

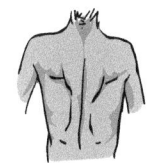

záda

umugongo

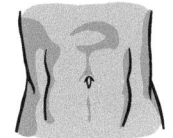

břicho

inda

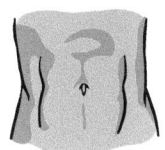

pupík

umukondo

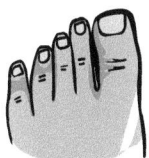

prst na noze

ino

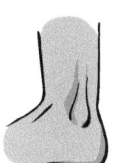

pata

agatsintsiri

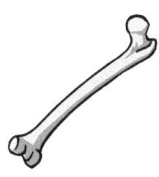

kost

igufa

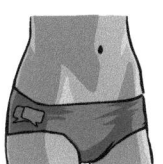

bok

ku mafyigo

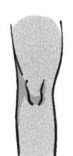

koleno

ivi

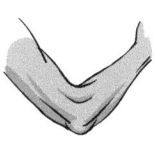

loket

inkokora

nos

izuru

zadek

igisusu

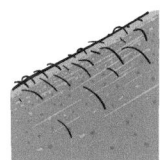

kůže

urukoba

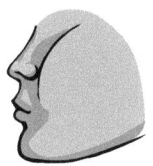

tvář

itama

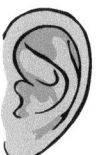

ucho

ugutwi

ret

umunwa

tělo - umubiri

ústa
....
umunwa

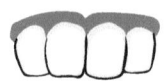

zub
....
iryinyo

jazyk
....
ururimi

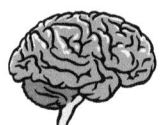

mozek
....
ubwonko

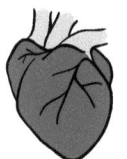

srdce
....
umutima

sval
....
umutsi

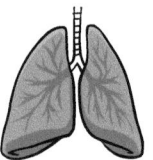

plíce
....
ihaha

játra
....
igitigu

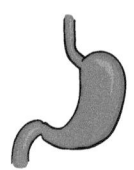

žaludek
....
umushishito

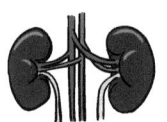

ledviny
....
amafyigo

pohlavní styk
....
kurangura amabanga
y'abubatse

kondom
....
agapfuko

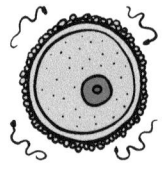

vajíčko
....
imbuto y' umugore

sperma
....
imbuto y'umugabo

těhotenství
....
imbanyi

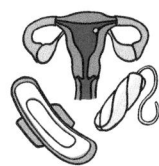

menstruace

kuja mu kwezi

vagina

igituba

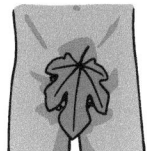

penis

imboro

oboči

ingohe

vlasy

umushatsi

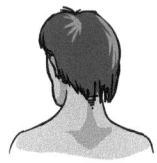

krk

izosi

nemocnice
ibitaro

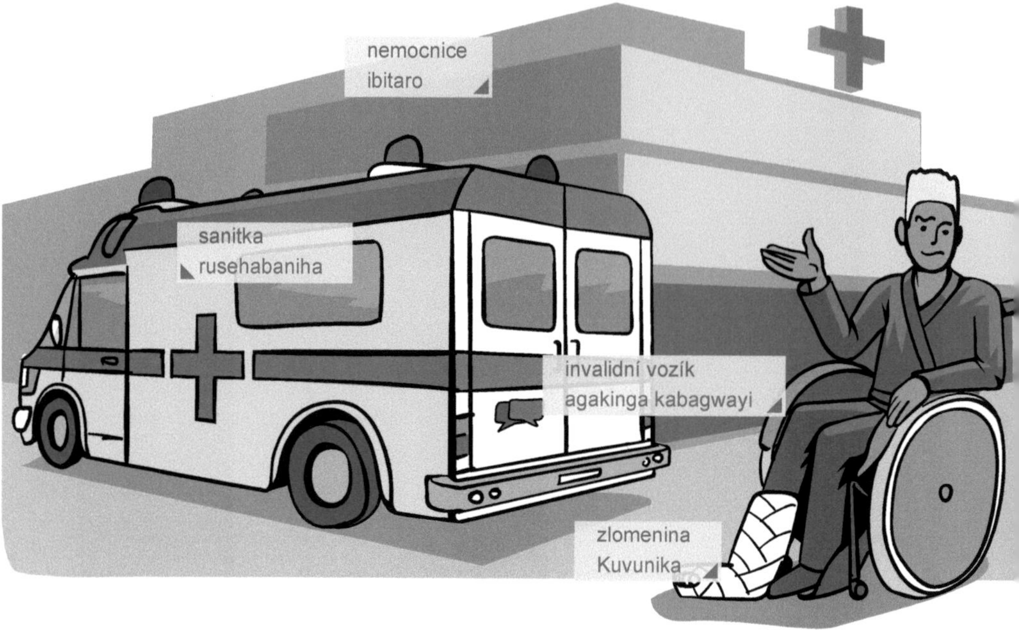

nemocnice
ibitaro
sanitka
rusehabaniha
invalidní vozík
agakinga kabagwayi
zlomenina
Kuvunika

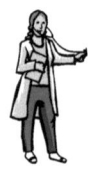

lékař

umuganga

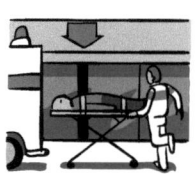

pohotovost

mundembe

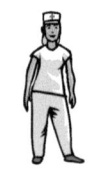

zdravotní sestra

umuforomokazi

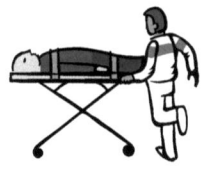

urgentní případ

irijanse

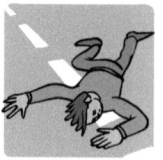

v bezvědomí

guta ubwenge

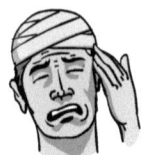

bolest

ububabare

úraz

igikomere

krvácení

kuva amaraso

infarkt myokardu

uguhagarara k' umutima

cévní mozková příhoda

kuvira indani

alergie

guhurirwa

kašel

inkorora

horečka

ubushuhe bw'umubiri

chřipka

giripe

průjem

gucibwamwo

bolest hlavy

kumeneka umutwe

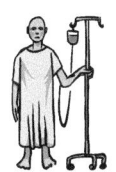

rakovina

Kanseri

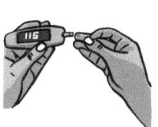

cukrovka

Diyabeti

chirurg

muganga ajejwe kubaga

skalpel

akuma ka muganga ubaga

operace

kubagwa

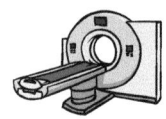

CT

sikaneri

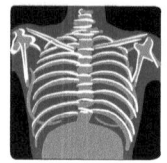

rentgen

radiyogarafi

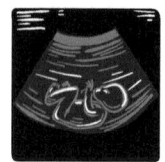

ultrazvuk

ekogarafi

maska

masike

nemoc

indwara

čekárna

aho kurindirira

berle

icishimikizo

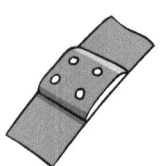

náplast

gufuka igikomere

obvaz

gufuka igikomere

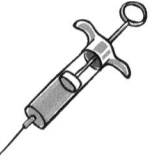

injekce

gutera urushinge

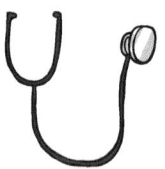

stetoskop

icuma cumviriza amahaha n'umutima

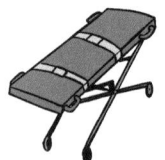

nosítka

ingovyi

teploměr

igipima umuriro w' umubiri

porod

kuvuka

nadváha

umuvyibuho urengeje

naslouchátko

igifasha umuntu kumva neza

dezinfekční prostředek

imiti y' ibikomere

infekce

kwandura

virus

umugera

HIV / AIDS

umugera wa sida

lékařství

ubuvuzi

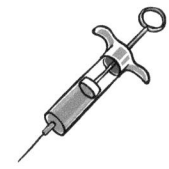

očkování

guhabwa urucanco

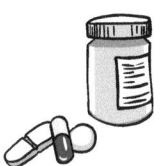

tablety

ibinini

pilulka

ikinini mbonezamvyaro

tísňové volání

telefone itabaza

tonometr

igipima umuvuduko w' amaraso

nemocný / zdravý

arwaye / akomeye

nemocnice - ibitaro

75

Pomoc!

muntabare!

poplach

ikengere

přepadení

igitero

napadení

igitero

nebezpečí

ibihe bikomeye

nouzový východ

icanzo

Hoří!

umuriro!

hasicí přístroj

ikizimyamwoto

nehoda

isanganya

zdravotnická brašna

isanduku y' ubutabazi

SOS

ubutabazi

policie

igipolisi

Evropa

Buraya

Severní Amerika

Uburaruko bw' amerika

Jižní Amerika

Ubumanuko bw' amerika

Afrika

Afurika

Asie

Aziya

Austrálie

Ositarariya

Atlantik

ibahari y' Antalantika

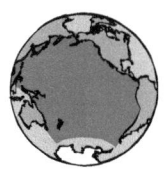

Pacifik

ibahari ya Pasifika

Indický oceán

ibahari y' Ubuhinde

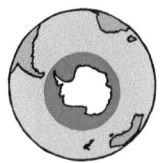

Jižní ledový oceán

ibahari y' Antaragitika

Severní ledový oceán

ibahari y' Aragitika

severní pól

Uburaruko bw' umubumbe
w' isi

jižní pól

Ubumanuko bw' umubumbe
w' isi

Antarktida

antaragitika

země

isi

pevnina

isi

moře

ibahari

ostrov

izinga

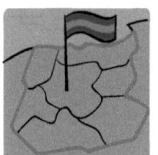

národ

igihugu

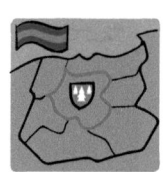

stát

reta

ciferník

aho barabira isaha

hodinová ručička

urushinge rw' amasaha

minutová ručička

urushinge rw' iminota

vteřinová ručička

rushinge rw' amasegonda

Kolik je hodin?

ni gihe ki?

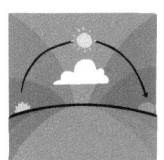

den

umunsi

čas

igihe

teď

ubu nyene

digitální hodinky

isaha ya electronique

minuta

umunota

hodina

isaha

pondělí
kuwa mbere

středa
kuwa gatatu

pátek
kuwa gatanu

úterý
kuwa kabiri

sobota
kuwa gatandatu

čtvrtek
kuwa kane

neděle
kuwa mungu

včera
ejo haheze

dnes
ubunyene

zítra
ejo hazoza

ráno
mu gatondo

poledne
sasita

večer
ku mugoroba

pracovní dny
iminsi y' ibikorwa

víkend
weekende

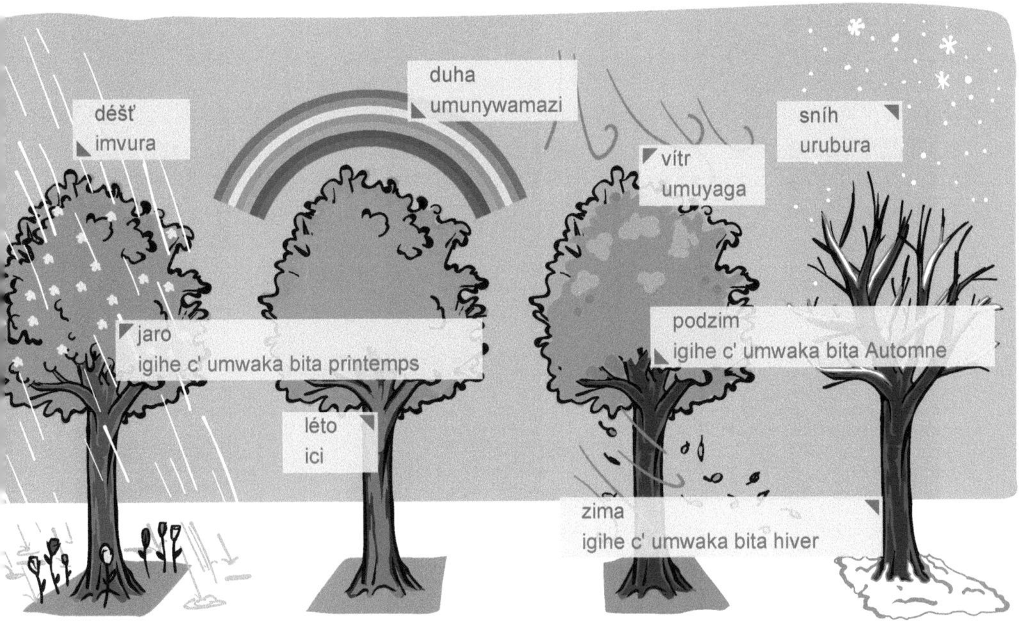

déšť
imvura
duha
umunywamazi
vítr
umuyaga
sníh
urubura
jaro
igihe c' umwaka bita printemps
podzim
igihe c' umwaka bita Automne
léto
ici
zima
igihe c' umwaka bita hiver

4.APRIL 11°
5.APRIL 4°
6.APRIL 13°
7.APRIL 8°
8.APRIL 10°

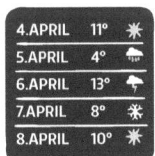

předpověď počasí

ikirangabihe

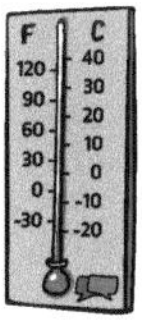

teploměr

igipima ubushuhe bw' umubiri

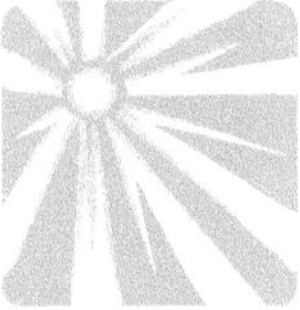

sluneční svit

ubuseruko bw' izuba

mrak

igicu

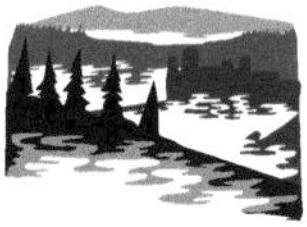

mlha

igipfungu

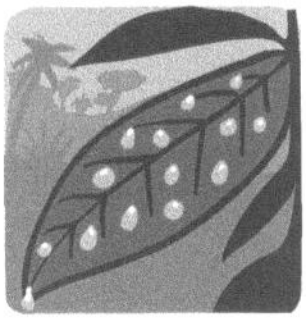

vlhkost

ifira

blesk
umuravyo

hrom
inkuba

bouřka
igihuhusi

kroupy
urubura

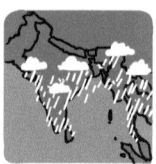

monzun
igihuhusi bita mousson

povodeň
umwuzure

led
ibarafu

leden
nzero

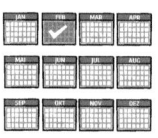

únor
ruhuhuma

březen
ntwarante

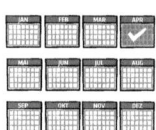

duben
ndamukiza

květen
rusama

červen
ruhenshi

červenec
mukakaro

srpen
myandagaro

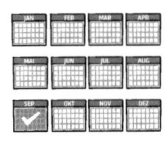

září
....
nyakanga

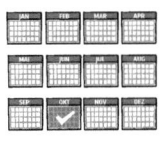

říjen
....
gitugutu

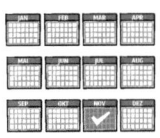

listopad
....
munyonyo

prosinec
....
migarama

tvary
forume geometrike

kruh
....
umuzingi

čtverec
....
ikwadarato

obdélník
....
urikiramende

trojúhelník
....
inyabutatu

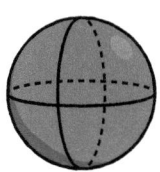

koule
....
umubumbe

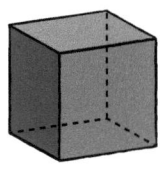

krychle
....
agasandugu

bílá
....
ibara ryera

žlutá
....
ibara ry' umuhondo

oranžová
....
ibara risa n' umucungwe

růžová
....
ibara rya rose

červená
....
ibara ritukura

fialová
....
ibara rya mauve

modrá
....
ibara ry' ubururu

zelená
....
ibara ry'icatsi kibisi

hnědá
....
ibara ry' igihogo

šedá
....
ibara rya gris

černá
....
ibara ryirabura

hodně / málo
....
vyinshi / bikeyi

rozzuřený / mírumilovný
....
washavuye / utekereje

krásný / ošklivý
....
mwiza / mubi

začátek / konec
....
intanguriro / iherezo

velký / malý
....
kinini / gitoyi

světlý / tmavý
....
gikeye / cijimye

bratr / sestra
....
husaza w' umuntu / mushiki
w' umuntu

čistý / špinavý
....
gisukuye / gicafuye

úplný / neúplný
....
gikwiye / gicagatiye

den / noc
....
umunsi / ijoro

mrtvý / živý
....
wapfuye / ariho

široký / úzký
....
cagutse / caga

jedlý / nejedlý

kiryoshe / kibishe

zlý / hodný

umutima mubi / umutima mwiza

vzrušený / znuděný

anezerewe / arambiwe

tlustý / hubený

kivyibushe / conze

nejdříve / naposledy

cambere / canyuma

přítel / nepřítel

umugenzi / umwansi

plný / prázdný

cuzuye / kiri gusa

tvrdý / měkký

kigumye / coroshe

těžký / lehký

kiremereye / gihwahutse

hlad / žízeň

inzara / inyota

nemocný / zdravý

arwaye / akomeye

ilegální / legální

cemewe n'amategeko / kitemewe n'amategeko

inteligentní / hloupý

incabwenge / ikijuju

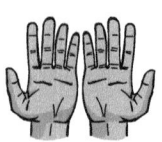

vlevo / vpravo

ibubamfu / iburyo

blízko / daleko

hafi / kure

nový / použitý

gishasha / gishaje

nic / něco

ntaco / kiriho

starý / mladý

umutama / urwaruka

zapnutý / vypnutý

kwatsa / kuzimya

otevřeno / zavřeno

kugurura / kugara

tichý / hlasitý

gitekereje / gifise urwamo

bohatý / chudý

umutunzi / umukene

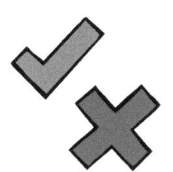

správný / špatný

nivyo / sivyo

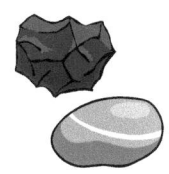

drsný / hladký

kigoramye / kigororotse

smutný / šťastný

ashavuye / anezerewe

krátký / dlouhý

kigufi / kirekire

pomalý / rychlý

kigenda bukebuke /
kinyaruka

vlhký / suchý

gitose / cumye

teplý / chladný

gishushe buhoro / gikanye
buhoro

válka / mír

intambara / amahoro

0

nula

ubusa

1

jedna

rimwe

2

dva

kabiri

3

tři

gatatu

4

čtyři

kane

5

pět

gatanu

6

šest

gatandatu

7

sedm

indwi

8

osm

umunani

9

devět

icenda

10

deset

cumi

11

jedenáct

cumi na rimwe

12

dvanáct

cumi na kabiri

13

třináct

cumi na gatatu

14

čtrnáct

cumi na kane

15

patnáct

cumi na gatanu

16

šestnáct

cumi na gatandatu

17

sedmnáct

cumi n' indwi

18

osmnáct

cumi n' umunani

19

devatenáct

cumi n' icenda

20

dvacet

mirongo ibiri

100

sto

ijana

1.000

tisíc

igihumbi

1.000.000

milion

umuriyoni

angličtina

Icongereza

americká angličtina

Icongereza co muri Amerika

standardní čínština

Mandare kivugwa mu bushinwa

hindština

Igihinde

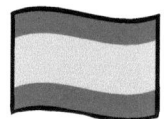

španělština

Ikispaniya

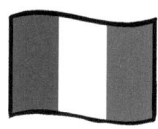

francouzština

Igifaransa

arabština

Icarabu

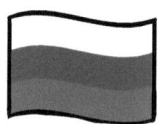

ruština

Ikirusiya

portugalština

Igiporitigare

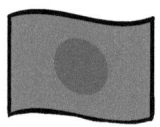

bengálština

Ikibengare

němčina

Ikidage

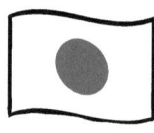

japonština

Ikiyapani

já
jewe

ty
wewe

on / ona / ono
we / we / co

my
twebwe

vy
mwebwe

oni
bo

Kdo?
inde?

Co?
iki?

Jak?
gute?

Kde?
hehe?

Kdy?
ryari?

jméno
izina

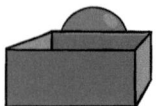

za
....
inyuma ya

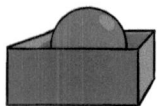

do
....
indani ya

z
....
imbere ya

nad
....
hejuru ya

na
....
ku

mezi
....
munsi ya

vedle
....
mu mbavu ya

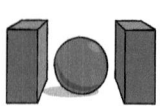

mezi
....
hagati ya

místo
....
ikibanza